BEI GRIN MACHT SICH IHR
WISSEN BEZAHLT

- Wir veröffentlichen Ihre Hausarbeit,
  Bachelor- und Masterarbeit

- Ihr eigenes eBook und Buch -
  weltweit in allen wichtigen Shops

- Verdienen Sie an jedem Verkauf

Jetzt bei www.GRIN.com hochladen
und kostenlos publizieren

Bibliografische Information der Deutschen Nationalbibliothek:

Die Deutsche Bibliothek verzeichnet diese Publikation in der Deutschen National-
bibliografie; detaillierte bibliografische Daten sind im Internet über http://dnb.d-
nb.de/ abrufbar.

Impressum:

Copyright © 2016 GRIN Verlag, Open Publishing GmbH
Druck und Bindung: Books on Demand GmbH, Norderstedt Germany
ISBN: 9783668342170

Dieses Buch bei GRIN:

http://www.grin.com/de/e-book/343740/handlungs-und-erfahrungsorientiertes-
lernen-und-die-persoenlichkeits

Martina Kellner-Fichtl

Handlungs- und erfahrungsorientiertes Lernen und die Persönlichkeits- und Kreativitätsförderung

GRIN Verlag

GRIN - Your knowledge has value

Der GRIN Verlag publiziert seit 1998 wissenschaftliche Arbeiten von Studenten, Hochschullehrern und anderen Akademikern als eBook und gedrucktes Buch. Die Verlagswebsite www.grin.com ist die ideale Plattform zur Veröffentlichung von Hausarbeiten, Abschlussarbeiten, wissenschaftlichen Aufsätzen, Dissertationen und Fachbüchern.

Besuchen Sie uns im Internet:

http://www.grin.com/

http://www.facebook.com/grincom

http://www.twitter.com/grin_com

Einsendeaufgaben zum Modul EB 0500

„Spezielle didaktische Ansätze"

EB 0510: Handlungs- und erfahrungsorientiertes Lernen (Höffer-Mehlmer)

EB 0520: Handlungs- und erfahrungsorientiertes Lernen (Arnold)

EB 0530: Persönlichkeits- und Kreativitätsförderung (Höffer-Mehlmer)

Gender-Hinweis: In meinen Ausführungen verwende ich aus Vereinfachungsgründen sowohl die männliche als auch die weibliche Form abwechselnd. Die jeweils andere Form ist miteingeschlossen.

Einsendeaufgabe 1

Erläutern Sie die gewandelten Anforderungen, die sich in der Berufswelt abzeichnen und diskutieren Sie die Konsequenzen für die Erwachsenenbildung sowie für handlungsorientiertes Lernen.

Ich beginne damit, die gewandelten Anforderungen, die sich in der Berufswelt abzeichnen darzustellen. Durch ökonomische und technologische Neuerungen, durch den Anstieg des Qualifikationsniveaus, die Verkürzung von Produktionszyklen, die Verlängerung der Lebensarbeitszeit sowie sozialen Wandel verändert sich auch der Charakter traditioneller Berufsbilder sowie die Arbeitswelt im Allgemeinen. Es korrespondieren die Entstandarisierung von Erwerbsarbeit einerseits mit Formalisierungsdynamiken andererseits. Die neue Arbeitsorganisation und die Technisierung führt dazu, dass sich die Kompetenzanforderungen verändern. Durch die „Alterung der Gesellschaft" kann es zum Fachkräftemangel kommen. Des Weiteren strömen in unserer Wissensgesellschaft immer mehr Informationsmengen auf den Einzelnen ein und gleichzeitig veralten diese sehr schnell. Dies stellt nicht nur für die Arbeitswelt eine große Herausforderung dar. Heutzutage haben sich die Anforderungen umgekehrt und es sind beispielsweise Kreativität, Prozessdenken, Selbständigkeit und Informationsverarbeitung besonders wichtig. (vgl. Höffer-Melhmer, 2012, S. 48) Ebenso haben sich die Formen der Kommunikation verändert. Der Umgang mit Kommunikationsmedien und der Einsatz dieser in der Berufswelt sind selbstverständlich geworden. Immer mehr Unternehmen konkurrieren im globalen Wettbewerb. Dies führt dazu, dass Fremdsprachenkenntnisse und interkulturelle

Handlungsfähigkeit vorausgesetzt werden. Ebenso stellt sich die Frage, ob es nicht unentdeckte Begabungsreserven gibt, welche gefördert werden können. Auch an Funktionsträger und an den Wahlbürger werden immer höhere Anforderungen an Fertigkeiten, Kenntnisse und an die Lernfähigkeit gestellt. Vor diesen Hintergründen wandeln sich die Anforderungen in der Berufswelt. (vgl. Höffer-Mehlmer, 2012, S. 49f)

„Die wachsende Komplexität der beruflichen, aber auch der sonstigen Anforderungen in modernen Gesellschaften macht ein dauerhaftes Weiterlernen notwendig. (Höffer-Mehlmer, 2012, S. 49)

Daraus ergeben sich folgende Konsequenzen für die Erwachsenenbildung und für handlungsorientiertes Lernen:

Daraus ergibt sich, dass lebenslanges und selbstgesteuertes Lernen immer wichtiger werden. Der Einzelne muss sich aus einer Vielzahl von Fort- und Weiterbildungsangeboten das für ihn passende aussuchen und seine Lernaktivitäten selbst organisieren können. Der Stellenwert des Informellen Lernens nimmt zu. Nur Selbstlernen alleine reicht jedoch nicht, es müssen auch passende Unterstützungsstrukturen geschaffen werden. Die Bereitschaft zu Lernanstrengungen hängt meist auch mit dem Grad der Selbststeuerung zusammen. Dies bedeutet, dass handlungsorientierte Lehrmethoden zu bevorzugen sind. Auch die Rolle des Lehrenden ändert sich hin zum Lernbegleiter und nicht mehr des „Allwissenden" welcher versucht Wissen einzutrichtern. Ebenso ändert sich hiermit die Rolle des Lernenden – weg von der bisher eher passiven Rolle des Konsumenten von Wissen, hin zur aktiven Gestaltung des eigenen Lernprozesses. Die Vermittlung von Wissen Bedarf der Individualisierung und der Bezug zur beruflichen Praxis ist wichtig, damit so viele Lerner wie möglich an ihre individuellen Deutungsmuster anschließen können.

Aus konstruktivistischer Sicht kann der Lehrende nur in begrenztem Maße auf die Lern- und Bildungsprozesse der Teilnehmer Einfluss nehmen, da jede Person sich seine Welt selbst individuell konstruiert und anders anschließen kann. Dies bedeutet nicht, dass kein Lernen möglich ist, jedoch es einer hohen Individualität bedarf. Ein Ziel kann es deshalb sein, dass sich der Einzelne des Konstrukt-Charakters klar wird und dadurch Toleranz und Reflexion geschaffen werden kann. Dies hat die Konsequenz für die Erwachsenenbildung, dass Lehrende nur Deutungsangebote anbieten können. Denn ob eine Information für ein Individuum wichtig ist, hängt von seiner bisherigen

Lebensgeschichte ab. Dies führt zu dem Schluss, dass Lernen in der Erwachsenenbildung eigentlich nicht organisierbar ist. (vgl. Höffer-Mehlmer, 2012, S. 52ff)

Handlungsorientiertes Lernen bedeutet, dass die gestellten Aufgaben realitätsnahe Anforderungen an den Lerner stellen. Bei der Bewältigung der Aufgabe sollen Wahrnehmung, Denken und Tun logisch verbunden werden. (vgl. Höffer-Mehlmer, 2012, S. 38) „Das Ziel besteht darin, in der Auseinandersetzung mit Aufgaben sowohl die praktische Bedeutung berufstheoretischer Erkenntnisse zu erfahren, als auch in umgekehrter Richtung wieder mit vertiefenden Fragen und Anforderungen an diese theoretischen Erkenntnisse heranzutreten." (Höffer-Mehlmer, 2012, S. 38) Für handlungsorientiertes Lernen bedeutet dies, dass der Lehrende eher zurücktritt und die Rolle des Moderators übernimmt. Er ist für die Organisation verantwortlich. Die inhaltlichen Beiträge gestalten die Teilnehmer. Der Lehrende behält den Prozessverlauf im Auge und hilft bei der Strukturierung als Grundlage für Entscheidungen. Er benötigt einen reichen Pool an handlungsorientierten Methoden und muss in der Lage sein, diese an passender Stelle einzusetzen. (vgl. Höffer-Mehlmer, 2012, S. 57) Eine weitere Konsequenz für handlungsorientiertes Lernen ist, dass die Lehrenden noch mehr die beruflichen und individuellen Erfahrungen der Lernenden berücksichtigen müssen. Die geforderten Aufgaben sollen komplex und mit Bezug zur beruflichen Praxis gestellt werden. So, dass sich die Lernenden planend und theorieentwickelnd mit dieser Aufgabe auseinandersetzen müssen. Es sollen Theorie und Praxis sowie verschiedene Anforderungs- und Lernbereiche verknüpft werden. Dabei ist die Aufgabe vollständig von den Lernenden zu bearbeiten, indem diese selbständig planen, die gefundenen Ideen durchführen, kontrollieren und selbst über das Lerntempo entscheiden. Durch die Lösung komplexer Aufgaben werden auch überfachliche Kompetenzen wie Kommunikations-, Problem-, Diskussions-, Kooperations- und Teamfähigkeit usw. gefördert. Diese überfachlichen Kompetenzen sind in allen Bereichen der Erwachsenenbildung wichtig um den gewandelten Anforderungen in der Berufswelt besser gerecht werden zu können. Dabei ist es von Bedeutung, dass Kenntnisse und Fertigkeiten vermittelt werden, welche in der beruflichen Praxis benötigt werden. Beispielsweise wird dies in der Ausbildung mancher Berufsbilder bereits berücksichtigt. Es werden Lerninhalte/Fächer zu Lernfeldern zusammengeschlossen. Nicht einzelne Fächer sondern die Bewältigung einer komplexen praktischen Aufgabe steht im Vordergrund. (vgl. Höffer-Mehlmer, 2012, S. 40)

Einsendeaufgabe 2

Thema: Emotionale Kompetenz, emotionales Lernen und emotionale Führung

Szenario:

Sie sind seit drei Jahren als Führungskraft in einem Unternehmen der beruflichen Weiterbildung tätig. Im vergangenen Jahr haben Sie eine Reihe neuer pädagogischer Fachkräfte eingestellt. Im Laufe der nächsten fünf Jahre werden zwei Drittel der langjährigen MitarbeiterInnen (MA) altersbedingt ausscheiden. Die Erfahrungen dieser MA möchten Sie bewahren und auf der anderen Seite aber auch die Kompetenzen der „Neuen" mit einbeziehen. Nach wie vor haben Sie Mühe, Akzeptanz für Ihre Vorschläge zur künftigen Organisationsentwicklung zu finden. Viele der langjährigen MA haben noch Probleme, die „Neuen" zu akzeptieren. Als Führungskraft möchten Sie etwas für die Verbesserung der Zusammenarbeit tun.

Sie haben eine interne Weiterbildungsreihe zum Thema interdisziplinäre Zusammenarbeit angeregt und möchten Veränderungswünsche und Anliegen des Personals aufgreifen, um diese thematisch zu gestalten. Sie führen dazu Mitarbeitergespräche und einmal im Monat gibt es eine Teambesprechung mit allen pädagogischen MA.

Arbeitsauftrag: Schildern Sie bei jeder der folgenden Aufgaben an einem konkreten Beispiel, wie Sie als Führungskraft die eigene emotionale Kompetenz in den Prozess einbringen und wie Sie dabei das emotionale Lernen der MA fördern können.

Erläutern Sie, wie Sie als Führungskraft emotional kompetent handeln und die individuelle Situation Ihrer MA berücksichtigen. Machen Sie Vorschläge, wie Sie emotionale Kompetenz in einem Mitarbeitergespräch oder in der Teamsitzung einsetzen können.

Vorerst definiere ich Emotionale Kompetenz.

„Emotionale Kompetenz ist die Fähigkeit, die Wirkungsweisen des Emotionalen zu kennen, nüchtern bei sich und anderen in Rechnung zu stellen und Verfälschungen des Eindrucks zu vermeiden."(Arnold, 2013, Glossar S. V)

Nun erläutere ich, wie ich als Führungskraft emotional kompetent handle und die individuelle Situation meiner Mitarbeiter berücksichtige unter Einbeziehung der eigenen emotionalen Kompetenz und wie ich die emotionale Kompetenz meiner Mitarbeiter dadurch fördern kann.

Ich wähle als Beispiel die Teamsitzung. Ich als Führungskraft werde alle MA zur Teamsitzung einladen und offen meine Beobachtungen und meine dazu auftauchenden Gedanken mitteilen. Dabei beachte ich die Variablen der personenzentrierten Gesprächsführung nach C. Rogers sowie die allgemeinen Gesprächsregeln. Dies könnte wie folgt lauten: „ Liebe MA ich möchte euch heute in der Teamsitzung meine Gedanken bezüglich der angedachten Organisationsentwicklung sowie meine Beobachtungen, Gedanken und Gefühle dazu mitteilen. Vorher ist es mir wichtig, von jedem MA Rückmeldung zu erhalten, wie es ihm derzeit in unserem Unternehmen mit seinen Aufgaben, der Zusammenarbeit mit den Kollegen usw. geht? Welche Ideen er für zukünftiges gemeinsames Handeln hat? Welche Befürchtungen und welche positiven Herausforderungen ihr damit verbindet? Bei der Rückmeldung ist es mir wichtig, dass jeder zu Wort kommt und wir aufmerksam zuhören ohne vorerst eine Bewertung abzugeben. Von besonderer Bedeutung ist dabei für mich, dass ihr ehrlich seid. Auch ich werde meine ehrliche Rückmeldung mitteilen." Sollte ein MA dies nicht vor der Gruppe mitteilen wollen so könnte ich sagen: „Wer dies nicht öffentlich machen möchte, den bitte ich nun dies zu verschriftlichen. Ihr dürft auch euere Bedenken oder Ängste gegenüber der künftigen Organisationsentwicklung mitteilen oder positive Gedanken und Fragen. Denn jeder einzelne von euch ist für das Team wichtig, deshalb benötige ich von allen Rückmeldung wie es ihm derzeit geht." Dadurch möchte ich die Emotionen meiner Mitarbeiter in der Gruppe erkennen können und ihnen zeigen, wie wichtig die Mitteilung jedes Einzelnen ist. Um die Empathie bei den MA zu fördern, muss ich als Führungskraft versuchen, durch aufmerksames Beobachten und Zuhören, die Bedürfnisse meiner Mitarbeiter wahrzunehmen. In der Folge bin ich dann besser in der Lage, nonverbale Signale zu deuten, individuelle Neigungen, Fähigkeiten und Potenziale der MA zu erkennen oder auch Machtbeziehungen in der MA Gruppe zu erfassen. Wenn ich als Führungskraft selbst einen guten Zugang zu meinen Emotionen und meiner „Inneren Welt" habe, also Selbstreflexivität besitze, so kann es auch gelingen, Gefühle und Reaktionen von meinen MA vorherzusehen. Wenn ich die Selbstwahrnehmung meiner MA fördere, indem ich um ihre Emotionen wissen möchte und sie diese mitteilen können, wirke ich auch positiv auf das empathische Vermögen jedes einzelnen Mitarbeiters. Dies kann dazu führen, dass der wertschätzende Umgang im Unternehmen steigt. Ich zeige Wertschätzung ohne Bewertung und ermögliche es, dass die MA eine Form des Umgangs erfahren können, die evtl. neu oder ungewohnt ist. So können die evtl. unsicher oder ambivalent gebundenen MA lernen, sich im Verhältnis zu den anderen und den Anforderungen neu zu erleben. Die MA im Unternehmen sollen durch die von mir angewendeten Umgangsformen und der wertschätzenden zutrauenden Kommunikation spüren, dass Fehler nicht geahndet, sondern als Entwicklungschancen betrachtet werden. (vgl. Arnold, 2013, S. 64) Wenn alle MA zu Wort gekommen sind und ich mir die evtl. schriftlichen Rückmeldungen durchgelesen habe, werde ich Rückmeldung geben. Dies könnte so lauten: „Danke für euere Rückmeldung. Ich selbst habe in letzter Zeit immer wieder gespürt, dass im Team manchmal eine ungute Stimmung herrscht. Dies ist mein subjektives Empfinden und mir ist es wichtig herauszufinden, woran dies liegt. Ich schätze euch langjährige MA sehr, da ihr viel Erfahrung und Routine in den Aufgabenfeldern der Erwachsenenbildung mitbringt. Ebenso freut es mich, dass unsere neuen MA so tolle kreative Ideen einbringen. Irgendwie habe ich jedoch das Gefühl, dass zwei „Lager" entstanden sind. Wie seht ihr dies?" Dann lasse ich die MA zu Wort kommen und sorge dafür, dass bei den einzelnen Wortmeldungen keine Beleidigungen und Bewertungen durch andere MA stattfinden. Ich beobachte die Körperhaltungen meiner MA und höre aktiv zu. Sollte ich dabei beleidigt werden, so werde ich nicht mit Maßregelung reagieren. Meist sind dies Hilferufe der Person, welche sie äußert. Ich versuche emotional diszipliniert zu reagieren im Hinblick auf das Wissen, dass dies ein Hilferuf ist. Dadurch können sich die MA evtl. in ihrem Denken, Fühlen und Handeln weiterentwickeln. (vgl. Arnold, 2013, S. 65) Während der Wortmeldungen werde ich das Gesagte kurz zusammenfassen, paraphrasieren. Wenn Gefühle geäußert werden so verbalisiere ich diese und betone dabei, dass ich meine MA als ein starkes Team empfinde, welches ich zwar derzeit noch nicht als Eines erlebe jedoch jeder von ihnen viele Fähigkeiten und Kenntnisse mitbringt welche für den Teamerfolg wichtig sind. Ich als Führungskraft möchte dadurch die Stärken meiner MA hervorheben und einer Resonanten Führung, welche den Einsichten der positiven Psychologie entstammt, folgen. (vgl. Arnold, 2013, S. 65) Ich versuche das, was ich von den Rückmeldungen der MA wahrgenommen habe mitzuteilen und mich zu vergewissern, ob ich dies richtig verstanden habe. Somit kann ich als Führungskraft die individuelle Situation der MA erstmal erfahren/erspüren und das sich daraus ergebende Verhalten evtl. besser einordnen. Die Motive, welche hinter dem Handeln der MA stecken erkennen. Dies kann beispielsweise sein: Die älteren MA pflegen einen formelleren Umgang und empfinden den legeren Umgang der jüngeren MA unhöflich/Die älteren MA haben Sorge um ihre Position im Unternehmen/Die älteren MA haben Angst, dass sie den Anforderungen welche die Organisationsentwicklung oder Neuerungen mit sich bringen, nicht mehr gewachsen sind und äußern dies vorerst durch die Ablehnung der neuen MA/Die älteren MA haben sich auf ein paar „ruhige letzte Arbeitsjahre" eingestellt und jetzt kommen neue MA voller Schwung und mit neuen Ideen die Arbeit bedeuten/Einige der älteren MA finden die Ideen der jungen MA evtl. super aber sie trauen sich nicht in der Gruppe der älteren MA dies kundzutun oder mehr Kontakt mit den neuen MA aufzunehmen, da sie Sorge um ihre Gruppenzugehörigkeit haben/Die älteren MA wollen ihr Wissen nicht weitergeben, da sie Sorge haben unnütze zu werden/Die älteren MA hatten evtl. einen „härteren Berufseinstieg" und mussten sich viel selbst erarbeiten-nun sagen sich diese, warum sollen es die neuen MA so leicht haben-sie sollen sich das Wissen selbst erarbeiten/Evtl. haben die älteren MA das Bedürfnis nach dem bisher geregelten Ablauf und müssen sich erst an neue Abläufe gewöhnen/Die wertschätzende Haltung irritiert vielleicht vorerst und macht unsicher/vielleicht haben sie vorher einen anderen Führungsstil erlebt und sind misstrauisch Personen gegenüber welche Interesse an ihrer Arbeit zeigen wie die neuen MA und umgekehrt die neuen MA könnten denken: Warum sind die alten MA so festgefahren? Es können Phantasien entstehen die das Tun prägen-die alten MA wollen ihr Wissen für sich behalten, damit wir es nicht so leicht haben/Die neuen MA könnten evtl. sehr viele neue Ideen einbringen aus Angst davor, dass Sie nicht gut genug sind und den älteren MA imponieren wollen bzw. wertgeschätzt werden wollen-ihre Arbeit gut machen möchten/Evtl. sind die neuen MA noch in Probezeit-diese möchten Sie bestehen/usw.

All dies und noch viele weitere Motive könnten Gründe für das im Szenario dargestellte Handeln der neuen und alten MA sein. Wenn nun jeder nur für sich seine Phantasien bildet, so kann es zu einer Verhärtung der Fronten kommen. Deshalb ist es besonders wichtig, dass sich die MA im Gespräch ehrlich und wertschätzend verhalten und ihre Bedenken und Sorgen äußern können. Evtl. stellen Sie fest, dass diese unbegründet sind und das Verhalten des Gegenübers einen ganz anderen Grund hat oder keine „Gefahr" darstellt. Dies werde ich inhaltlich als Führungskraft auch meinen MA mitteilen. Auch Schulungen zu den Themen personenzentrierte Gesprächsführung, erkennen eigener Emotionen sowie Anleitung zur Selbstreflexion erachte ich hier zu einem etwas späteren Zeitpunkt als sehr sinnvoll. Als vorletztes bitte ich in der Teamsitzung die einzelnen MA sich gegenseitig 10 Minuten auszutauschen und herauszufinden, welche Gemeinsamkeiten sie aufweisen/immer neue und alte MA gemischt – privat und beruflich z.b. gleiches Hobby, gleiche Studienrichtung, zufällig gemeinsame Bekannte, gleiches Haustier… . Oder eine andere Variante wäre: Ich bitte neue und alte MA sich gegenseitig mitzuteilen, was sie an ihrem Gegenüber gut finden/bewundern. Und am Ende führe ich ein kurzes Blitzlicht mit einem Kooshball durch. Jeder darf mitteilen, wie es ihm nun geht und was er für heute aus der Teamsitzung für sich mitnimmt. Auch ich werde dies am Ende der Teamsitzung mitteilen. Indem ich echtes Interesse an den Aufgaben und Emotionen der MA zeige, kann nach und nach eine emotionale Bindung zwischen allen MA entstehen.

Aufgabe: Was sind die Kennzeichen „emotionaler Führung"? Beschreiben Sie Beispiele im Kontext des Szenarios.

Vorerst die **Definition** des Studienbriefes: „Emotionale Führung ist die Fähigkeit, von der emotionalen Welt des anderen her zu führen. Hierfür ist die Fähigkeit, die emotionale Lage des anderen in möglichst vielen Facetten zu erspüren und zu erkennen, eine grundlegende Voraussetzung, welche man aber nur entwickeln kann, wenn man in sich selbst die Einfärbungen durch das Emotionale in der eigenen Innenwelt aufgespürt hat." (Arnold, 2013, S. 68)

Bei der Darstellung der Kennzeichen der „emotionalen Führung" orientiere ich mich an der Tabelle der zehn Gebote emotionaler Führung. (vgl. Arnold, 2013, S. 66f)

Kennzeichen emotionaler Führung ist zum einen die **emotionale Alphabetisierung**. Dies bedeutet, dass ich als Führungskraft die Emotionen der alten und neuen MA wahrnehmen und verstehen kann, warum diese eine bestimmte Emotion erleben. Ich setze meine soziale Kompetenz ein, indem ich empathisch bin und Interesse für die Anliegen der neuen und alten MA zeige. Ich benötige Verständnis für die Gefühle meiner MA und berücksichtige diese bei meinen Entscheidungen. Wenn ich beispielsweise die interne Weiterbildungsreihe zum Thema interdisziplinäre Zusammenarbeit anrege so mache ich mir im Voraus Gedanken dazu wie dies auf die MA wirkt und mit welchen Gefühlen diese kommen könnten. Dies evtl. als zusätzliche Arbeitsbelastung sehen, Angst haben vor Bloßstellung, Angst vor dem Ungewissen… . Hier kann es von mir als Führungskraft hilfreich sein, die Inhalte und Zielsetzungen vorher gemeinsam mit dem MA zu besprechen, damit keine „falschen Phantasien und Ängste" aufkommen können. Indem ich für Transparenz und Verringerung der Angst gegenüber Neuem sorge, bringe ich als Führungskraft meine emotionale Kompetenz mit ein. Hierdurch wird auch das emotionale Lernen der MA gefördert, da diese ein positives Beispiel der Transparenz und Wertschätzung erleben. Indem ich als Führungskraft die Körpersprache der MA berücksichtige und versuche die Emotionen zu erkennen, zu verstehen und sprachlich adäquat auszudrücken, ermögliche ich den MA emotionales Lernen in Form des Modelllernens. (vgl. Seel/Hanke, 2014, S. 407) Wichtig ist es, meine Erwartungshaltung und die der neuen und alten MA offen zu legen. Dies ermöglicht beiden Seiten zu wissen, wann und wie der Einzelne erfolgreich sein kann.

Des Weiteren ist die **Emotionale Selbstreflexivität** wichtig bzw. Voraussetzung um emotionale Resonanzfähigkeit zu entwickeln. Dies bedeutet, ich muss mich selbst reflektieren können, meine eigenen Grundmuster der Seele erkennen sowie meine „innere Landkarte". (vgl. Arnold, 2013, S.66) Dies kann in dem vorgegebenen Beispiel bedeuten, dass ich als Führungskraft mir vorher über meine eigenen Emotionen bezüglich der Situation klar werden muss. Ich kann mir Fragen stellen wie: Warum reagiere ich auf die neuen MA milder? Warum empfinde ich das Verhalten der alten MA als unfair? Warum fühle ich mich von meinem Vorgesetzten zeitlich unter Druck gesetzt was die Organisationsentwicklung im Unternehmen anbelangt? Was hat dies mit meinen bisherigen Lebenserfahrungen zu tun? Gibt es Parallelen zu eigenen beruflichen Erfahrungen? Ich erforsche also vorher mein Inneres um danach mein Handeln dementsprechend „überprüft" auszuführen. Im Sinne des Selbstmanagements versuche ich meine emotionale Selbstkontrolle auszubauen und negative Emotionen unter Kontrolle zu halten sowie dennoch aufrichtig zu meinen MA zu sein. Das emotionale Lernen der MA kann ich dadurch fördern, indem ich Teile meiner „Inneren Erforschung" mitteile und offenlege.

Die **emotionale Resonanzfähigkeit** ist ebenso ein Kennzeichen emotionaler Führung. Dies bedeutet, dass ich achtsam mit den unterschiedlich ausgeprägten emotionalen Kompetenzen der MA umgehe. So kann es beispielsweise sein, dass ein alter MA einen neuen MA in der Teamsitzung „runtermacht" und durch seinen Erfahrungsvorsprung den neuen MA in einem „unqualifizierten Licht" erscheinen lässt. Hier kann ich als Führungskraft dafür sorgen, dass ich das Gesagte der beiden Gesprächspartner paraphrasiere ohne eine Bewertung abzugeben – sondern bei beiden MA einen jeweils mir aufgefallenen positiven Kompetenzaspekt rückmelde. Bei Bedarf spreche ich gegenseitige Verletzungen offen an und sorge für gegenseitige Achtsamkeit untereinander. Wenn dies ein älterer MA war, welcher bereits des Öfteren durch Provokationen auf sich aufmerksam gemacht hat, so widme ich ihm meine Zeit und vereinbare wenn nötig ein gemeinsames Gespräch. Nicht um ihn diesbezüglich zu maßregeln, sondern um mehr von seiner „Inneren Welt" seinem Motiv für sein Verhalten zu erfahren um dies für mich als Führungskraft besser einordnen und demensprechend handeln zu können.

Wenn ich das Gefühl habe, dass MA ein paar Tage vor dem MA-Gespräch unruhig werden, so thematisiere ich dies – je nach Situation einzeln oder im Team wenn es sinnvoll ist den allgemeinen Ablauf eines Mitarbeitergesprächs mitzuteilen. Falls die neuen MA nicht wissen, was Inhalte sein können. Hier wirke ich angstmindernd.

Durch beziehungsstiftende Maßnahmen wie beispielsweise einen gemeinsamen Outdoortag mit Kooperationsübungen in der Natur oder Einsatz von Metalog-Tools in Teamsitzungen, ermögliche ich den MA gemeinsame Intensiverlebnisse wahrzunehmen. Erkenntnisse aus dem Outdoortraining können auf die „reale Welt" übertragen werden um in Zukunft gemeinsames Lernen und Zusammenarbeiten zu fördern. Ebenso wie respektvoll mit sich differenzierenden Sichtweisen umzugehen und zu erkennen, dass sich diese gegenseitig „befruchten" und neue Ideen entstehen können. Durch diese beziehungsstiftenden Maßnahmen möchte ich bei den MA gemeinsame Emotionen entstehen lassen, da diese die emotionale Bindung fördern können. Meine eigene emotionale Kompetenz bringe ich ein, indem ich die personenzentrierte Gesprächsführung nach Rogers anwende, Achtsamkeit und gegenseitiges Verständnis aufbringe. Das emotionale Lernen der MA fördere ich durch die emotionalen Erkenntnisse welche diese aus den beziehungsstiftenden Maßnahmen für sich persönlich mitnehmen.

Einsendeaufgabe 3

Vergleichen Sie Modelle, in denen erwartbare Lebensereignisse im Lebenslauf von Erwachsenen systematisiert werden, mit Ansätzen, bei denen nicht erwartbare Ereignisse im Mittelpunkt stehen.

Durch Modelle, in welchen erwartbare und nicht erwartbare Lebensereignisse im Mittelpunkt stehen versucht man die Entwicklung der Persönlichkeit genauer darzustellen und zu erforschen. Allgemein definiert lässt sich Persönlichkeit als die „Gesamtheit aller Wesenszüge, Äußerungen eines Menschen" verstehen. (Höffer-Mehlmer, 2012, S. 12) Modelle, in welchen normative Lebensereignisse im Lebenslauf von Erwachsenen systematisiert werden sind beispielsweise das Drei-Phase-Modell des Erwachsenenalters oder das der Familienkarriere. Diese zyklischen Modelle gehen davon aus, dass zu einer bestimmten Zeit im Leben des Menschen eine relevante Entwicklungsaufgabe ansteht, welche es zu bewältigen gibt. Auch wenn das Individuum um die anstehende Aufgabe weiß, so bedeutet dies nicht, dass diese Aufgabe ohne Probleme bewältigt werden kann. Im Stufenmodell der Familienkarriere werden feste Stufen beschrieben wie beispielsweise Familie mit Jugendlichen, Familien im Ablösungsstadium und so weiter. Kritisch ist anzumerken, dass bei Stufenmodellen nicht vorhergesagt werden kann, wann und wie sich die Veränderungen im Erwachsenenalter zeigen und diese bewältigt werden. Aus der Entwicklungspsychologie ist bekannt, dass mit zunehmendem Alter auch die Individualität des Erwachsenen zunimmt. Dies führt dazu, dass diese Modelle an Aussagekraft verlieren. Die Nachgängergeneration folgt mehr oder minder der Vorgängergeneration, so dass sich die Frage stellt, ob dies für die moderne Gesellschaft noch gelten kann. Nachfolgend einige Punkte welche darlegen, dass sich die moderne Gesellschaft anders gestaltet. Altersnormen unterliegen einer Flexibilisierung. Das Bild der älteren Menschen hat sich geändert und die „aktiven alten Menschen" stellen eine große Bevölkerungsgruppe dar welche verschiedene Rollen wie Wähler, Konsument oder Reisender einnimmt. Auch hat sich die geschlechtstypische Rollenerwartung geändert. Als aktuelles Beispiel: Ich bin derzeit mit Zwillingen schwanger und werde nach der Mutterschutzfrist wieder zu arbeiten beginnen. Mein Mann wird für ein Jahr Vollzeit zu Hause das Familienmanagement mit 4 Kindern übernehmen. Bei den Stufenmodellen werden die zu bewältigenden Aufgaben aufgelistet, jedoch nicht darauf eingegangen, wie das Individuum die Entwicklungsaufgabe bewältigt. Durch die Flexibilisierung im

Berufsleben (z.B. Umschulung, Arbeitslosigkeit, Wiedereinstieg…) verlieren zyklische Modelle an Aussagekraft. Ebenso verändert dies die Gesellschaft Gesamthaft.

Das Modell der Entwicklungsaufgaben im Familienzyklus geht davon aus, dass alles „normaltypisch" für eine Familiengründung abläuft. Jedoch gibt es immer häufiger Scheidungs- und Patschworkfamilien. Es scheint eher ein Auslaufmodell zu sein und die Vielfalt der verschiedenen Lebensformen ist zu erkennen. (vgl. Höffer-Mehlmer, 2012, S. 31f)

Zyklische und antizyklische Modelle, beide Varianten, befassen sich mit den Erklärungsansätzen der Persönlichkeitsentwicklung im Erwachsenenalter, welche sich mit der Bewältigung und den Auswirkungen der nicht erwartbaren und erwartbaren Lebensereignissen auf die Persönlichkeit beschäftigen. (vgl. Höffer-Mehlmer, 2012, S. 13-26) In den 70zigern fand die Lebensereignisforschung Beachtung. Diese ging der Frage nach, ob kritische Lebensereignisse nicht auch die Persönlichkeitsentwicklung fördern können. Nicht-normative Lebensereignisse sind nicht vorhersehbar und nicht an einer bestimmten Altersgruppe fest gemacht. Dies können beispielsweise schwere Erkrankungen und Todesfälle sein. Die Bewältigung dieser Lebensereignisse fällt schwerer, da sie den Menschen unvorbereitet treffen und es nicht so einfach ist, sich an Älteren zu orientieren. (vgl. Höffer-Mehlmer, 2012, S. 27)

Die Individualisierung ermöglicht dem Individuum größere Spielräume bei der Lebensgestaltung. Verlangt andererseits auch vom Individuum sich selbst nach den benötigten Informationen umzusehen oder sich Kenntnisse im Arbeitsleben mehr oder weniger freiwillig anzueignen. Hierdurch wird es für den Einzelnen schwieriger seine Identitätsbalance zu finden und zu halten. (vgl. Höffer-Mehlmer, 2012, S. 33)

Die Identitätstheorie neuerer Zeit postuliert, dass die Entwicklung und Sicherung der Identität eine lebenslange Aufgabe darstellt. Dies deshalb, weil sich die soziale Umwelt des Individuums ständig ändert, so dass das Individuum gezwungen ist dementsprechend darauf zu reagieren und sich anzupassen. (vgl. Höffer-Mehlmer, 2012, S. 30)

Die erkennbaren Individualisierungsprozesse tragen dazu bei, dass den Erklärungsansätzen von Persönlichkeitsveränderungen im Erwachsenenalter eine Pauschalierung unterstellt wird. Durch die Individualisierung nimmt die Generalisierbarkeit allgemeiner Modelle von Lebensläufen, Entwicklungsaufgaben und so weiter ab. Eine Verallgemeinerung trifft auf zyklische und Stadienmodelle des Lebenslaufs zu als auch für die Aufteilung in erwartbare und nicht erwartbare Lebensereignisse. (vgl. Höffer-Mehlmer, 2012, S. 32ff)

Demgegenüber steht beispielsweise das 5 Faktoren Modell (Big Five). Das Modell besagt, dass es fünf stabile Grunddimensionen der Persönlichkeit gibt. Dies sind Extraversion, Freundlichkeit, Gewissenhaftigkeit, Neurotizismus und Offenheit. Jeder dieser Dimensionen werden positive und negative Eigenschaften zugeordnet. Diese fünf Grunddimensionen beeinflussen das Leben des Individuums. So reagiert das Gehirn bei extravertierten Menschen stärker auf Erfreuliches. Sie sind auch besser in der Lage mit nicht erwartbaren Lebensereignissen umzugehen. Psychisch instabile Menschen hingegen, tun sich schwerer mit der Bewältigung von nicht erwartbaren oder kritischen Lebensereignissen wie beispielsweise Krankheit. (vgl. Bartussek, 1996, S. 51) Beim Eintritt kritischer Lebensereignisse ist die Person gefordert, sich im Umweltgefüge wieder neu auszurichten und ihr neues Gleichgewicht wieder herzustellen.

Literaturverzeichnis

Arnold, R. (2013): 1. Auflage. Emotionale Kompetenz, Emotionales Lernen und emotionale (Selbst-) Führung in der Erwachsenenbildung. Kaiserslautern.

Bartussek, D. (1996): Faktorenanalytische Gesamtsystemsysteme der Persönlichkeit, in: Amelang, Manfred (Hrsg.), Temperaments- und Persönlichkeitsunterschiede, Göttingen/ Bern/ Toronto/ Seattle (Enzyklopädie der Psychologie. Themenbereich C, Theorie und Forschung. Ser. 8, Differentielle Psychologie und Persönlichkeitsforschung. Bd. 3.

Höffer-Mehlmer, M. (2012): 3., aktualisierte und überarbeitete Auflage. Persönlichkeits- und Kreativitätsförderung. Kaiserslautern.

Höffer-Mehlmer, M. (2012): 2., aktualisierte und überarbeitete Auflage. Handlungs- und erfahrungsorientiertes Lernen in der Erwachsenenbildung. Kaiserslautern.

Seel, N./Hanke, U. (2014): Erziehungswissenschaft: Lehrbuch für Bachelor-, Master- und Lehramtsstudierende. Freiburg: Springer Verlag.